Vida
no campo

Mônica Jakievicius

Ilustrações
de Félix Reiners

Copyright © 2002 do texto: Mônica Jakievicius
Copyright © 2002 das ilustrações: Félix Reiners
Copyright © 2002 da edição: Editora DCL – Difusão Cultural do Livro

DIRETOR EDITORIAL: Raul Maia Jr.

EDITOR DE LITERATURA: Vitor Maia

ASSESSORIA EDITORIAL: Otacília de Freitas

ASSISTENTE EDITORIAL: Gustavo Pavani F. da Hora
Pétula Ventura Lemos

REVISÃO: Gislene P. Rodrigues de Oliveira
Daniela Padilha

PREPARAÇÃO DE TEXTO: Andréa Vidal

PESQUISA ICONOGRÁFICA: Rachel Hoshino

CAPA: Félix Reiners

PROJETO GRÁFICO E DIAGRAMAÇÃO: Félix Reiners

**Texto em conformidade com as novas regras
ortográficas do Acordo da Língua Portuguesa.**

**Dados Internacionais de Catalogação na Publicação (CIP)
(Câmara Brasileira do Livro, SP, Brasil)**

Jakievicius, Mônica
Vida no campo / Mônica Jakievicius ; ilustração :
Félix Reiners. — São Paulo : DCL, 2002. (coleção
Ambientes)

ISBN 978-85-7338-632-5

1. Literatura infantojuvenil 2. Meio ambiente
– Literatura infantojuvenil I. Reiners, Félix.
II. Título. III. Série.

02-1370	CDD – 028.5

Índices para catálogo sistemático:

1. Vida no campo : Meio ambiente : Literatura infantil		028.5
2. Vida no campo : Meio ambiente : Literatura infantojuvenil		028.5

CRÉDITOS DAS FOTOS

Capa	Cambacica — Fábio Colombini	Pág. 17 Orquídeas – Mônica Jakievicius
Pág. 16	Ipê-amarelo – Silvestre Silva	Pág. 18 Brinco-de-princesa – Mônica Jakievicius
Pág. 16	Manacá – Fábio Colombini	Pág. 18 Pitanga – Fábio Colombini
Pág. 16	Ipê-roxo – Delfim Martins/Pulsar	Pág. 18 Sanhaço – Fábio Colombini
Pág. 16	Ipê-branco – Delfim Martins/Pulsar	Pág. 19 Ingá – Silvestre Silva
Pág. 16	Flamboaiã – Silvestre Silva	Pág. 19 Jabuticaba – Mônica Jakievicius
Pág. 16	Primavera – Mônica Jakievicius	Pág. 19 Beija-flor na helicônia – Fábio Colombini
Pág. 17	Folhagens – Fábio Colombini	Pág. 19 Camarão-amarelo – Cynthia Brito/Pulsar
Pág. 17	Bromélia e perereca – Fábio Colombini	Pág. 19 Lagarto – Ricardo Azoury/Pulsar
Pág. 17	Girinos – Fábio Colombini	Pág. 19 Cobra-cipó – Fábio Colombini

1ª edição

Editora DCL – Difusão Cultural do Livro
Av. Marquês de São Vicente, nº 1.619 – Cj. 2612 – Barra Funda
CEP 01139-003 – São Paulo – SP
Tel.: (0xx11) 3932-5222
www.editoradcl.com.br

*Agradeço à engenheira agrônoma Escolástica Ramos
de Freitas – DEXTRU/CATI/Secretaria de Agricultura
e Abastecimento/SP – as orientações e a valiosa crítica
dos originais.*

O campo ou área rural compreende os espaços onde estão as propriedades rurais com atividades agrícolas e/ou pastoris, as Unidades de Conservação (parques, reservas, estações ecológicas etc.) e outras áreas que não se caracterizam como cidades. Hoje, no Brasil, apenas 20% da população brasileira reside no campo, o que representa cerca de 34 milhões de pessoas.

Para conservar um ambiente, é preciso utilizá-lo sem destruí-lo.

> PODEMOS IMITAR O EQUILÍBRIO QUE EXISTE NAS FLORESTAS...

As florestas possuem enorme diversidade de plantas e animais. No solo, encontram-se raízes, pequenos animais e seres microscópicos. A água infiltra-se e é utilizada por todos. Quando plantas e animais morrem ou deixam resíduos, como folhas e fezes, estes se acumulam na superfície do solo; os seres microscópicos que vivem no chão se alimentam desse material. O que sobra é matéria orgânica, que se mistura à terra, deixando-a fofa e rica em nutrientes para as plantas. Tudo que é produzido na floresta é nela reciclado.

A população mundial cresce a cada dia. Por isso, para que os alimentos possam ser produzidos em quantidades suficientes e durante muitos e muitos anos, não se pode pensar apenas no processo de produção:
é preciso pensar na saúde do solo.

AGROECOLOGIA É A CIÊNCIA QUE ESTUDA COMO PRODUZIR ALIMENTOS RESPEITANDO O FUNCIONAMENTO DA NATUREZA E, AO MESMO TEMPO, RECUPERANDO, MANTENDO OU MELHORANDO A FERTILIDADE DOS SOLOS. OS ALIMENTOS PRODUZIDOS DESSA MANEIRA POSSUEM UM ALTO VALOR NUTRITIVO.

Assim como ocorre nas florestas, recomenda-se, segundo a agroecologia, o uso de matéria orgânica na superfície do solo. Utiliza-se, principalmente, adubação verde, que é o plantio de certas culturas, como guandu, tremoço, mucuna-preta, feijão-de-porco, entre outras, juntamente com as culturas principais. Essas plantas são cortadas e se incorporam ao solo, tornando-o fértil.
Além disso, o solo deve ser pouco arado, isto é, pouco remexido.
Dessa maneira, consegue-se mantê-lo estruturado.

SOLO ESTRUTURADO É UM SOLO EMPELOTADO, PRINCIPALMENTE DEVIDO À AÇÃO DA MATÉRIA ORGÂNICA, QUE UNE AS SUAS PARTÍCULAS E FORMA AS PELOTINHAS.

Por entre as pelotas, circula o ar, indispensável para as raízes. A água fica retida nas pelotas, para ser utilizada quando houver necessidade. Sem as pelotinhas, o solo fica compactado, sem ar, e a água não consegue penetrar – escorre, forma enxurradas e provoca erosões. O solo fica seco, endurecido, sem condições para o desenvolvimento das plantações.

A agroecologia ensina a cuidar dos solos porque em solos estruturados, vivos, as plantas crescem saudáveis e fortes e não são atacadas por pragas ou doenças. E, como não ocorrem pragas nem doenças,...

... NÃO SÃO UTILIZADOS AGROTÓXICOS! PORTANTO:

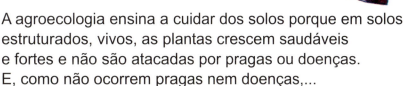

solo saudável → plantas saudáveis → ambiente e ser humano saudáveis.

Um dos maiores problemas no campo é o uso indiscriminado dos agrotóxicos, que são verdadeiros venenos para a vida.

VAMOS ENTENDER COMO ISSO COMEÇA.

Na agricultura tradicional, utilizam-se adubos sintéticos solúveis, que contêm minerais para "nutrir" o solo, em vez de matéria orgânica. Porém, esses adubos tornam os solos desequilibrados – em geral, eles apresentam alguns minerais em excesso e faltam-lhes outros. Resultado: as plantas crescem desnutridas e tornam-se sensíveis às pragas e doenças. Para controlá-las, os produtores aplicam os agrotóxicos.

E AÍ NÃO SE CONSEGUE INTERROMPER O CICLO DE ENVENENAMENTO E MORTE DE PLANTAS, ANIMAIS, AMBIENTES E SERES HUMANOS!

Os agrotóxicos podem ser classificados de diversas maneiras, uma delas é de acordo com os seres que matam. Por exemplo: inseticidas matam insetos; fungicidas, fungos; herbicidas, ervas daninhas, entre outros.
Porém, veneno é sempre veneno.

E TODO VENENO É TÓXICO, QUER DIZER, É UMA SUBSTÂNCIA QUÍMICA QUE CAUSA UM EFEITO NOCIVO AO ORGANISMO.

Os efeitos nocivos atingem todos os seres vivos do ambiente, desde os trabalhadores que aplicam os venenos até as pessoas que se alimentam dos produtos envenenados, ou seja, nós!

Muitos produtores colocam fogo em algumas áreas
(apesar de as queimadas serem proibidas por lei), acreditando que estão
"limpando" o terreno para o plantio.
O que acontece, porém, é um dano muito sério ao ambiente.
A princípio, as cinzas fornecem minerais ao solo, tornando-o fértil.
Mas, após um ou dois anos, essa fertilidade acaba e o solo se torna
mais pobre do que era antes das queimadas.
Além de queimar a matéria orgânica da superfície,
o fogo altera as pelotas, e o solo deixa de ser estruturado.
Com isso, nem água nem ar conseguem penetrá-lo.

O SOLO ESTÁ MORTO!

O mato deve ser roçado e deixado sobre o solo,
pois é o melhor adubo para as plantas. Ele fornece matéria orgânica
ao solo, mantendo sua fertilidade, além de protegê-lo contra
o sol ou as chuvas fortes.

Qualquer atividade humana produz resíduos.
Residências, indústrias e agricultura eliminam lixo diariamente.
No ambiente rural, o descarte do lixo é um problema muito sério.
É comum juntar o lixo num terreno para queimá-lo.

O fogo causa a poluição do ar, danifica os solos, mata microrganismos, além de animais e plantas do ambiente. Muitas vezes, queimam-se também plásticos, que produzem gases muito tóxicos.
É preciso que a comunidade se organize e exija que os municípios viabilizem outros meios para o descarte do lixo que não pode ser reutilizado.

NÃO, FOGO NÃO!

A falta de cuidados com o ambiente pode trazer problemas de saúde para a população. Para que isso não ocorra, é preciso manter o lixo e o esgoto longe das nascentes d'água e dos rios. Caso contrário, esses dejetos poderão infiltrar-se no solo e contaminar lençóis d'água subterrâneos. Como no campo as pessoas são servidas, principalmente, por água de poço...

...PODEM FICAR DOENTES, SEM TER IDEIA DO QUE ACONTECEU!

O esgoto deve ser encaminhado para uma fossa séptica, que é um tanque subterrâneo onde os dejetos são mantidos por certo tempo até que sejam decompostos por microrganismos...

...E NÃO CONTAMINEM O SOLO.

As pessoas devem manter os ambientes saudáveis, porque os ambientes saudáveis deixam as pessoas saudáveis! Dessa maneira, pode-se aproveitar muito mais a vida no campo.

A DIVERSIDADE DE ANIMAIS E PLANTAS NOS PROPORCIONA RICAS SENSAÇÕES...

O verde das paisagens, pontilhadas com o amarelo, o vermelho e o rosa das flores, é visto em qualquer época do ano.

Os guapuruvus, as sibipirunas, os ipês-amarelos e as tipuanas possuem flores amarelas, que colorem suas copas. Quaresmeiras, manacás, ipês-roxos e róseos e jacarandás-mimosos enfeitam o campo com flores que vão do rosa ao lilás. E há ainda as flores brancas do açoita-cavalo, do ingá e do ipê-branco. Algumas plantas não são nativas das nossas matas, mas nos brindam com cores e formas de notável beleza: flamboaiã, espatódea, primavera, pata-de-vaca e tantas outras.

Ipê-amarelo

Manacá

Ipê-roxo

Ipê-branco

Flamboaiã

Primavera

Brinco-de-princesa

Pitanga

As aves que vivem no campo se deliciam com os frutos e as flores das matas e dos pomares. Tucanos quebram as sementes com seus poderosos bicos, beija-flores e cambacicas sugam o néctar de helicônias, brincos-de-princesa, camarões e orquídeas. As pitangas e as jabuticabas são disputadas por sabiás, tico-ticos e sanhaços. Andorinhas apreciam os insetos e fazem voos rasantes para capturá-los. Insetos também são alimentos dos bem-te-vis.

Sanhaço

ALGUÉM FALOU EM INSETOS? HUMM!...

A variedade de insetos nas áreas rurais é enorme: são borboletas, cupins, vaga-lumes, abelhas e formigas em constante interação com os solos, as plantas e os animais.

Ingá

Jabuticaba

Em pequenas ou grandes áreas preservadas, podem ser encontrados animais como tatus, tapitis, lagartos, cobras, macacos e pequenos felinos, que obtêm alimento de plantas ou de outros animais. Às vezes, porém, esses animais invadem propriedades e podem causar problemas.

NA VERDADE, FORAM OS SERES HUMANOS QUE INVADIRAM NOSSOS AMBIENTES!

É preciso lembrar que, se os animais tiverem espaço e condições de obter alimento nas matas, dificilmente incomodarão as pessoas. Em todas as regiões onde há plantações, devem-se manter áreas preservadas, principalmente se houver nascentes de água no local.

Tucano

Cobra-cipó

Helicônia

Beija-flor

Camarão-amarelo

Lagarto

Jaguatirica

19

É possível produzir mantendo o equilíbrio ambiental.
O cultivo de produtos orgânicos sem a adição de adubos sintéticos e agrotóxicos vem aumentando dia a dia. E esse cultivo imita a natureza: nas florestas, a matéria orgânica vem das plantas e dos animais que lá vivem. Na agricultura, também pode-se utilizar matéria orgânica desses seres.
Restos de podas e cortes recentes, além de esterco curtido de animais de criação, como porcos, vacas e galinhas, são ótimos adubos naturais. É preciso, no entanto, que os animais sejam tratados com produtos de origem orgânica.
Caso contrário, eliminarão nas fezes resíduos de venenos ou de outras substâncias prejudiciais.

Produto orgânico é todo alimento cultivado, produzido e processado sem o uso de agrotóxicos, adubos sintéticos, modificações genéticas (transgênicos) e conservantes químicos. A lista vai de frutas e legumes a pães, geleias, queijos, vinhos e carnes.

NO BRASIL, EXISTEM EMPRESAS E ASSOCIAÇÕES QUE CERTIFICAM PRODUTOS ORGÂNICOS.

Em São Paulo, por exemplo, há alimentos com o selo da AAO (Associação de Agricultura Orgânica) e do IBD (Instituto de Biodinâmica), entre outros. Optar por alimentos orgânicos é uma maneira de contribuirmos para a conservação da área rural e ainda de nos alimentarmos de modo mais saudável e saboroso.

SE VOCÊ NÃO CONHECE O AMBIENTE RURAL, FAÇA UMA VISITA. SE VOCÊ CONHECE OU MORA NO CAMPO, É HORA DE CONTRIBUIR PARA QUE ESSE AMBIENTE POSSA SER UTILIZADO DE UMA MANEIRA MAIS INTELIGENTE. CROACH...

Vamos cultivar?

Cultivar nossa própria verdura, nossos temperos e chás seria uma forma de nos protegermos da adição de adubos sintéticos e de agrotóxicos. Porém, isso nem sempre é possível, pois, na maioria das vezes, o espaço que temos em nossa casa ou apartamento é muito pequeno. Mas podemos cultivar alguns produtos em jardineiras, caixotes ou até mesmo em pequenos vasos. Nesse caso, condimentos e ervas para chás são os vegetais mais indicados. Mas fique atento:

- Plantas medicinais não substituem as orientações dos serviços de saúde.
- Use somente plantas conhecidas ou indicadas por pessoas que as conhecem.
- Plantas ajudam a preservar a saúde, mas podem fazer mal ao organismo, se usadas de maneira errada. Siga corretamente o modo de preparo e uso.
- Não utilize mudas de plantas colhidas à beira de córregos, de lagoas ou de grandes plantações, pois elas podem estar contaminadas.
- Crianças e mulheres grávidas devem ter cautela redobrada no uso de plantas medicinais.
- Consuma o chá no mesmo dia em que for preparado, em uma ou duas doses diárias.

Para o cultivo, utilize qualquer recipiente com profundidade de pelo menos 20 cm. É importante que a parte inferior do recipiente escolhido tenha um furo para escoar o excesso de água e uma camada de pedrinhas, que ajudarão na drenagem. Sobre as pedras, coloque terra de jardim ou terra comum e um pouco de húmus de minhoca, deixando poucos espaços vazios.

Se você tiver sementes, coloque-as diretamente na superfície, cobrindo-as com uma fina camada de terra. Umedeça a terra e espere as mudinhas brotarem.

Caso você consiga mudinhas prontas, faça uma cova no centro do seu recipiente e coloque-as dentro dela, com cuidado, sem tocar a raiz. Se a raiz estiver coberta com terra, plante-a com esse torrãozinho, pois ele a protegerá até que ela se fixe.

Os espaçamentos de plantio devem ser respeitados, independentemente de serem plantadas sementes ou mudas. Veja a seguir, nas tabelas, exemplos de culturas que podem ser plantadas até mesmo em apartamentos, caso haja luminosidade em alguma hora do dia. Observe os cuidados que cada uma delas requer. Depois, colha e utilize os condimentos em suas refeições ou os chás como bebidas.

Condimentos

	ALECRIM	LOURO	ORÉGANO	MANJERICÃO	COENTRO
PARTE UTILIZADA	Folhas (frescas ou secas)	Folhas (secas)	Flores e folhas (secas)	Folhas (frescas ou secas)	Frutos (secos) e folhas (frescas)
CLIMA	Temperado, quente	Subtropical ou de altitude	Temperado	Temperado ou subtropical	Tropical e subtropical
SOLO	Seco, arenoso, bem drenado	Bem drenado e rico em matéria orgânica	Férteis, permeável e seco	Fértil, rico em matéria orgânica	Fértil, bem drenado
PROPAGAÇÃO	Sementes ou viveiros	Sementes ou estacas	Divisão de touceiras, estacas e sementes	Sementes	Sementes
ÉPOCA DE PLANTIO	Setembro a novembro	Setembro	Sementes: primavera Touceiras: outono	Setembro a novembro	Início da primavera
ÉPOCA DE COLHEITA	2º ou 3º ano Outono e primavera	A cada 2 anos no verão	Flores: quando desabrocham Folhas: antes da floração	Dezembro/janeiro e abril/maio	Frutos: 60% amarelos Folhas: antes do florescimento
ESPAÇAMENTO	1,00 x 0,60 m	3,5 a 7,0 x 3,50 a 7,0 m	0,50 x 0,20 a 0,30 m	0,60 x 0,25 m	0,20 a 0,30 x 0,08 a 0,10 m
PRINCIPAIS TRATOS CULTURAIS	Transplante, capina, drenagem	Capinas, irrigação, adubação	Transplante ou desbaste, drenagem e capinas	Transplante ou desbaste, irrigação e adubação em cobertura	Desbaste, capinas e irrigação
SECAGEM	À sombra	À sombra	À sombra	À sombra	Frutos à sombra em camadas de 2 a 5 cm
RENOVAÇÃO DA CULTURA	Quando diminuir o rendimento	Perene	A cada 3 ou 4 anos	Anual ou quando diminuir o rendimento	Anual

Plantas Aromáticas e Condimentares – Eng. agrônoma M. Cláudia S. G. Blanco – DEXTRU/CATI/Secretaria de Agricultura e Abastecimento/SP.

Chás

	CAMOMILA	CAPIM-CIDREIRA	ERVA-CIDREIRA	HORTELÃ	BOLDO
NECESSIDADE DE LUZ UTILIZADA	Pleno sol	Pleno sol	Pleno sol ou meia-sombra	Pleno sol	Pleno sol
NECESSIDADE DE ÁGUA	Regas moderadas e frequentes	Regas moderadas e frequentes	Regas moderadas e frequentes	Regas moderadas e frequentes	Pouca água
HÁBITO DE CRESCIMENTO	Herbáceo	Herbáceo touceira	Herbáceo	Herbáceo	Arbusto
PARTES UTILIZADAS	Flores	Folhas	Folhas	Folhas	Folhas
MODO DE USAR	Chá por infusão	Chá por infusão	Chá por infusão	Chá por infusão	Chá macerado
USO MEDICINAL	Calmante, antiespasmódico	Calmante, antigripal	Calmante, antiespasmódico	Digestivo e vermífugo	Digestivo

Farmácia Viva – adote este remédio – Eng. agrônoma M. Cláudia S. G. Blanco – DEXTRU/CATI/ M. Márcia S. Souza – Casa da Agricultura de Taubaté – Secretaria de Agricultura e Abastecimento/SP.

Mônica Jakievicius

Nasci na cidade de São Paulo e, apesar de urbana, sempre gostei de percorrer os ambientes, observar o que há de vivo e entender as relações que se estabelecem.

Sou bióloga (estudei na USP de Ribeirão Preto), professora de adolescentes e de outros professores. Trabalhei em escolas, na Secretaria de Estado da Educação (CENP) e em editoras.

Produzi vários materiais para crianças, jovens e adultos, como a coleção Ambiente Vivo, na Editora Scipione; o Projeto Água, da SABESP/TV Cultura, e o Telecurso 2000 – Ciências, da Fundação Roberto Marinho. Participo ainda de um projeto – Aprendendo com a natureza – no qual escrevi um livro para crianças de escolas rurais do Estado de São Paulo e do Brasil. Assessoro também editoras, escolas e instituições a viabilizarem projetos de Ensino de Ciências.

Hoje, moro em Itupeva (SP), a 65 km da capital. Continuo observando os ambientes e prestando atenção nos detalhes, na riqueza da vida e, infelizmente, na destruição causada pelo ser humano.

Com este livro, espero contribuir para a conscientização das pessoas sobre a conservação dos ambientes do campo, ou seja, a utilização racional dos recursos naturais, sempre tendo como prioritário o convívio saudável entre seres humanos e natureza.

Félix Reiners

Nasci em Avaré, no interior de São Paulo. Estudei Educação Física, em Presidente Prudente, onde passei minha juventude. Depois de me formar, continuei praticando esportes, mas decidi investir com mais firmeza em ilustração e direção de arte, já que desde criança gostava de desenhar. Comecei escrevendo e desenhando páginas e mais páginas de histórias em quadrinhos, quando apareceu meu primeiro emprego em uma agência de publicidade. Dezesseis anos depois, resolvi trabalhar concentrado ainda mais em ilustrações e livros, principalmente infantis. Além de desenhar, sou um defensor da natureza, principalmente porque passei parte de minha infância no Pantanal, convivendo de perto com bichos, aves, peixes e árvores. Por isso, ilustrar este livro foi extremamente gratificante porque uni minhas duas paixões: o desenho e a natureza.